Suggestionen richtig formulieren

10 Minimax-Techniken für Hypnotiseure

Suggestionen richtig formulieren
10 Minimax-Techniken für Hypnotiseure

© 2009 - I. M. Simon

ISBN: 978-3-8370-9519-7
Herstellung und Verlag:
Books on Demand GmbH, Norderstedt
Alle Rechte liegen beim Autor

Wichtiger Hinweis

Die Inhalte dieses Buches beruhen auf den praktischen Erfahrungen des Autors mit Hypnoseanwendungen und Psychotherapie im Zustand der Trance. Obwohl sich der Autor um größtmögliche Sorgfalt bemüht hat, können Fehler oder Missverständnisse in der Darstellung nicht vollkommen ausgeschlossen werden. Die therapeutische Arbeit mit Menschen sowie die Anwendung der Hypnose obliegen ausschließlich der Verantwortung des Hypnotiseurs. Es kann nicht ausgeschlossen werden, dass Teile dieses Buches falsch verstanden werden oder die Anwendung eines vorgestellten Verfahrens eine ungewünschte Reaktion beim Klienten bewirken kann. Eine Mitverantwortung des Autors besteht auch dann nicht, wenn unter Hinweis auf die Ausführungen dieses Buches mit einem Klienten gearbeitet wird.

Inhaltsverzeichnis

Vorbemerkungen 7

Minimax 1: Vergangenheit, Gegenwart, Zukunft 11

Minimax 2: Nicht "ob" sondern "wenn" 17

Minimax 3: Vorwegannahmen einbauen 25

Minimax 4: Wenn-Dann und sowieso 31

Minimax 5: Wenn Du willst 39

Minimax 6: Überprüfbares 45

Minimax 7: Nicht Überprüfbares 49

Minimax 8: Analoges Markieren 55

Minimax 9: Minimalistische Reduktion 61

Minimax 10: Du bist nicht schuld - Wer sonst? 69

Buchtipps und Ausbildungskurse 77

Inhaltsverzeichnis

Vorwort

Vorbemerkungen

Hypnose wird häufig missverstanden. Viele unerfahrene Klienten und auch Hypnotiseure glauben, dass es einfach auf die Trancetiefe ankäme, um Veränderungsprozesse anzustoßen. Mit zunehmender Tiefe, so der weitere Irrglaube, sei es dann immer leichter, einem Menschen zu erzählen, was er in Zukunft denken, fühlen, wahrnehmen oder erleben soll. Eine schöne Vorstellung. Denn neben den unermesslichen Manipulationsmöglichkeiten, die das zur Folge hätte, gäbe es ebenso viele Varianten, Schwierigkeiten bis hin zu schweren psychischen Störungen einfach abzuschalten. Oder besser gesagt, dem Klienten auszureden. Angehende und mit Motivation geladene Hypnotiseure machen dann meistens die Erfahrung, dass der Weg zum Zauberkünstler wohl doch etwas länger dauert als sie es angenommen haben. Allerdings erscheint dieser Weg nur deshalb so weit, weil von falschen Annahmen ausgegangen wird.

Zunächst einmal ist die Trancetiefe nur halb so wichtig wie oft behauptet wird. Viel entscheidender ist die Art und Weise der Suggestionen, die wir konstruieren. Denn auch hier wird vieles oft falsch verstanden. Etwas suggerieren bedeutet im Grunde, jemandem einen Zustand oder einen Glauben einzureden, den er noch nicht hat oder auch nicht mehr hat und wieder erlangen möchte. Nun gehen viele Hypnotiseure davon aus, dass die Zauberformel ein Produkt aus Trancetiefe und Behauptung sei. Das beste wäre nach dieser Ansicht, den Klienten irgendwie in einen nahezu komatösen Trancezustand einzuleiten und dann ein paar stramme Behauptungen loszulassen. *Du bist der Größte! Du kannst Zigaretten nicht ausstehen! Du schläfst super gut ein!*

Suggestionen sind Formulierungen, die etwas herstellen sollen, was noch nicht oder noch nicht ganz der Fall ist. Genau genommen also zuerst einmal Lügen. Diese fallen irgendwann auf. Spätestens am Tag nach der Hypnose sieht der Klient, dass er doch nicht der größte ist. Sein riesiger Chef zeigt es ihm vielleicht in einer eindeutigen nonverbalen Suggestion und hat viel mehr Erfolg als der freundliche und immer verständnisvolle Therapeut, der ihm ins Ohr säuselt, er sei größer als alle anderen. Ja, Suggestionen verlieren Ihre Wirkung mit der Zeit. Dann ist entweder wieder alles wie vorher oder eben nicht. Die eigentliche Wirkung der Hypnose, wenn wir einmal die tatsächliche Langzeitwirkung betrachten, liegt doch darin, Perspektiven und auch Interpretationen für eine begrenzte Zeit zu verändern und auf diesem Wege neue Lernprozesse zu ermöglichen. Wenn es gelingt, dem Ängstlichen irgendwie Mut zu machen, so ist es weniger die Dauer der Suggestionswirkung als die positive Lernerfahrung, die er mit diesem neuen Mut macht, die für ein immer größeres Sicherheitsgefühl sorgen. Auf diesem Wege wirkt Hypnose langfristig. Gute Hypnotiseure wissen das. Und es macht die Hypnose als Verfahren ja nicht schlechter. Das gleiche gilt für jede andere Therapie. Der Klient ändert seine Blickrichtung und bewertet seine Umgebung und die Problemzusammenhänge neu. Auf diesem Wege macht er neue Erfahrungen, erlebt Erfolge, die seine neue Haltung, besser gesagt seine Probehaltung, bestärken. Für Hypnotiseure und Hypnosetherapeuten kommt es also darauf an, zunächst einmal Perspektivenwechsel zu ermöglichen.

Leider gibt es nur sehr wenige Bücher, die sich mit dem Formulieren von Suggestionen befassen. Ich möchte mit diesem Buch einige einfache Möglichkeiten anbieten und gleichzeitig zeigen, wie hilfreich kleine Details sein können. Suggestionen werden häufig wie eine Geheimwissenschaft behandelt und leider wird Hypnotiseuren selbst in Ausbildungskursen immer wieder suggeriert (!), dass ungünstige Formulierungen einen erheblichen Schaden anrichten könnten und daher besser nur Suggestionstexte, die man im Kurs erhalten hat, angewandt werden sollten.

Das fördert natürlich die Bereitschaft, weitere Kurse zu buchen, um gnädigerweise noch ein oder zwei weitere Suggestionstexte zu bekommen. Vielleicht kann mir mal einer der vielen Experten da draußen so eine schlimme Suggestion zukommen lassen. Eine, die einen gewaltigen Schaden angerichtet hat. Aber mit Anschrift des Geschädigten bitte, ich möchte mich bei ihm dafür entschuldigen, dass ich meine Leserinnen und Leser gerne zum Experimentieren auffordere und natürlich dafür, dass ich ihnen beibringe, wie man gute Suggestionen formuliert. Vielleicht versteht ja der eine oder andere etwas falsch ...

Ganz im Ernst: Lassen Sie sich nicht abschrecken von unheilvollen Geschichten über gefährliche Suggestionen. Jeden Tag wird uns Unzähliges im Fernsehen suggeriert. Häufig befinden wir uns sogar in Trance, weil wir vorm Fernseher eindösen. Wir wären alle tot, wenn jedes Wort dann zur sich selbst erfüllenden Suggestion würde. Ich freue mich jedenfalls, wenn ich Ihnen helfen kann, Ihre Suggestionen zu verbessern. Hierzu biete ich Ihnen 10 Minimax-Techniken an.

Das sind Methoden, die es uns ermöglichen, mit kleinstem Aufwand eine möglichst große Wirkung zu erzielen. Alle Techniken dieses Buches werden anhand mehrerer Beispiele erläutert und möglichst einfach und praxisbezogen erklärt, sodass sie sofort ausprobiert werden können.

Minimax 1: Vergangenheit - Gegenwart - Zukunft

Eines ist klar: Unser Patient hat gegenwärtig Probleme. Wäre dem nicht so, bräuchte er kaum eine Therapie und wahrscheinlich hätten wir ihn nie kennen gelernt. Nun aber sitzt er vor uns und sucht nach Hilfe, nach Möglichkeiten der Veränderung, der Besserung oder Linderung, vielleicht sogar nach Heilung für seine gegenwärtigen Probleme, die er auch schon in der Vergangenheit hatte und – so befürchtet er zumindest – wohl auch in der Zukunft haben wird. Wir aber sehen das anders und gehen anders damit um …

Therapie im Zustand der Trance – und genau das ist jede Hypnotherapie und auch jede Fantasiereise – hat gegenüber anderen Verfahren einige Vorteile. Ein besonderer liegt darin, dass die Kritikfähigkeit mit zunehmender Trancetiefe immer stärker eingeschränkt wird. Das eröffnet uns eine Reihe von Möglichkeiten, die wir zum Teil auch im wachen Zustand nutzen könnten. Als Hypnosetherapeuten machen wir uns die Trance zum Verbündeten und spielen damit, dass wir dem

Klienten in diesem Zustand einiges vorgaukeln können, dass er frühestens im anschließenden Wachzustand hinterfragen würde. Wir nehmen beispielsweise eine Sortierung der Zeiten vor, genauer gesagt, ordnen wir alles, was wir mit ihm besprechen bzw. alle Suggestionen, die wir formulieren entweder der Vergangenheit, der Gegenwart oder der Zukunft zu. Das machen wir beim Sprechen immer, meistens jedoch intuitiv und im besten Falle logisch richtig. Während der Trance verzichten wir hier und bei vielen anderen Interventionen auf Logik zugunsten der Wirksamkeit.

Fragen wir zunächst einmal, was wir mit der Therapie eigentlich erreichen wollen. Auf die einfachste Formel reduziert, können wir sagen, die Probleme, mit denen der Klient sich an uns gewandt hat, sollen verschwinden und am besten soll sich eine angenehme Alternative einstellen. Der ängstliche Klient sollte also seine Furcht verlieren und vielleicht sogar Mut aufbauen. Oder anders formuliert: *Der Klient soll die Probleme, die er einst hatte, vollkommen verlieren und seinen eigenen Mut spüren, schon jetzt kann er das ein wenig, und schon bald wird dieser Mut immer stärker.*

Betrachten wir die Formulierung einmal genauer. Es wird hier behauptet, der Klient hätte Schwierigkeiten in der Vergangenheit gehabt.

Das deutet an, dass er sie schon jetzt nicht so deutlich hätte. Weiter wird behauptet, er spüre bereits Mut, der bald stärker wird.

Na Ja, behaupten kann man ja so einiges, aber was soll daran funktionieren oder überhaupt besonders sein? Es sind die Feinheiten, auf die es oft ankommt. Zunächst einmal ordnen wir die Probleme der Vergangenheit zu. Wir verbannen sie praktisch dorthin. Nun könnte der kritische Leser einwenden, dass der Klient zwar weniger kritisch ist, jedoch nicht so einfach angelogen werden kann. Stimmt! Es ist ja auch nicht gelogen. Denn in der jüngeren und vielleicht sogar auch weiter entfernten Vergangenheit hatte er das Problem. Es ist nicht erst in unserer Praxis entstanden. In der Gesprächssituation vor der Hypnose und erst recht während der Trance, spürt der Klient wenig bis gar keine Furcht, sondern Ruhe und Entspannung. Alle Ereignisse, die Angst besetzt sind, erzählt er im Rückblick. Er berichtet von Situationen, die sehr viel Angst ausgelöst hatten, von Reaktionen und Peinlichkeiten. Was auch immer er berichtet, es ist bereits passiert. Es liegt in der Vergangenheit. Er stimmt also innerlich intuitiv und ohne Nachdenken zu, wenn ich behaupte, dass er in der Vergangenheit Angst hatte. Denn es stimmt!

Und jetzt ist er plötzlich mutig? Einfach so? Nicht ganz, aber er ist entspannt und das verwechselt er leicht mit Mut. Angst bedeutet Unruhe, Herzklopfen, Furchtgedanken. Nach einer guten Tranceeinleitung kommt auch der Ängstlichste zumindest teilweise zur Ruhe und spürt weniger Angst als in den Situationen, wegen derer er in die Praxis gekommen ist. Er ist also aus seiner Sicht mutiger als er das aus vielen Ereignissen kennt. Er stimmt daher zu, wenn ich behaupte, er spüre zumindest etwas Mut gerade jetzt, genau in diesem Moment. Bis zu dieser Stelle hat der Klient innerlich schon zweimal zugestimmt. Er hatte in der Vergangenheit Angst und er spürt jetzt etwas mehr Mut. Die nächste Behauptung nimmt er tendenziell auch an, nämlich die Behauptung, der Mut werde schon bald stärker. Das glaubt er oder er sieht es als Möglichkeit, beides läuft auf das Gleiche hinaus. Er stellt sich innerlich darauf ein, mutiger zu werden. So formulieren wir es für den Klienten:

> *... Du kennst diese Angst, die Du so oft schon hattest, jetzt in dieser Entspannung bist du viel ruhiger und kannst diesen Mut in Dir drin auch etwas spüren, und schon bald wird er stärker und stärker ...*

Zu beachten ist auf jeden Fall, dass der Klient bei allem, was wir sagen, tendenziell zustimmt.

Es kommt also auch darauf an, etwas Spielraum in den Formulierungen zu lassen und nicht zu stark festzulegen, was der Klient fühlen soll. Folgende Formulierung könnte sich als problematisch erweisen:

> *… Du kennst diese längst vergangene Angst, die Du so oft schon hattest, jetzt in dieser Entspannung bist du viel ruhiger und kannst nur diesen Mut in Dir drin ganz deutlich spüren, und schon bald wird er stärker und stärker …*

Die längst vergangene Angst wird sicherlich innerlich verneint, ebenfalls der deutliche Mut. Zu platt dürfen wir nicht formulieren und auch nicht zu radikale Behauptungen aufstellen, sofern diese vom Klienten überprüft werden können.

Minimax-Technik 1

- *Das Problem wird in der Vergangenheit formuliert*
- *Die Lösung oder das Ziel wird bereits der Gegenwart zugeordnet*
- *In der Zukunft stellen wir eine Optimierung in Aussicht*

Beispiele

... Diese Zwänge, die Du immer wieder hattest, kannst Du jetzt einmal in Ruhe betrachten und vielleicht fragst Du Dich sogar, warum Du jetzt so locker bist und so frei davon ... Wenn Du Dich dann vollkommen davon befreit hast, kannst Du Kreativität an die gleiche Stelle setzen ...

... In der Vergangenheit der letzten Wochen hattest Du diese gedrückte Stimmung erlebt, und Du bist froh, dass das jetzt vorbei ist ... jetzt, da Du so entspannt daliegst und einmal frei davon bist ... Dich viel unbeschwerter fühlst ... Dann kannst Du sogar die Vorstellung entwickeln, dass es in Dir so entspannt und schön bleiben kann ...

... Die vergangenen Monate waren nicht leicht für Dich ... die ständigen Schmerzen in den vergangenen Monaten ... heute ist es leichter ... heute fühlt sich Dein Arm schon ruhiger an ... und genau das kann noch besser werden ...

Minimax 2: Nicht "ob" sondern "wenn"

Vielleicht fragen Sie sich ja, liebe Leserin oder lieber Leser, ob Sie alle Techniken und Kniffe dieses Buches eines Tages ganz routiniert und wirksam einsetzen können werden. Tja, fragen dürfen Sie das natürlich. Sie könnten aber auch fragen, wann Sie es können werden oder, wie es sein wird, wenn Sie es dann können. Auch wieder ein kleiner aber feiner Unterschied ...

Wir wollen ja nicht übertreiben. Nicht jedes Wort muss perfekt durchdacht oder besonders gut überlegt sein. Ich höre häufig in Ausbildungskursen, dass es so schwierig sei, alles richtig zu formulieren und dass Kursteilnehmer dann Angst haben, ungünstige Formulierungen zu benutzen. Also ehrlich: So schnell machen Sie da nichts kaputt. Am schlechtesten wirken unsere Interventionen, wenn wir uns verkrampfen. An der richtigen Stelle eine geschickte Formulierung und schon tritt eine deutliche Wirkung ein. Das erfordert nicht die durchgängig pfiffige und bis in jedes Detail ausgeklügelte Sprache des Therapeuten.

Nehmen wir einmal folgendes Beispiel als weniger gute aber nicht gerade zerstörerische Suggestion:

> ... *Vielleicht fragst Du Dich jetzt, ob Du diese Wut verlieren wirst, ob Du sie abgeben kannst* ...

Keine Angst, unser Klient ist nun nicht zu ewiger Wut verdammt. Er wird auch bei dieser Formulierung einen inneren Suchprozess einleiten und der vorgeschlagenen Frage zunächst einmal folgen. Zumindest wird er irgendetwas damit machen und das ist bereits ein Weg des Perspektivenwechsels und der Veränderung. Es geht natürlich besser mit folgender Variante:

> ... *Vielleicht fragst Du Dich jetzt, wann Du diese Wut verlieren wirst und wie es dann ist, wenn Du sie abgelegt hast* ...

Hier wird unterstellt, dass die Wut verloren geht, es geht nur um die Frage, wann das sein wird. Selbst wenn der Klient sich diese Frage überhaupt nicht stellt, was allerdings kaum zu erwarten ist, bleibt die Behauptung im Raum stehen, dass die Wut weggehen wird. Es wird sogar darüber gesprochen, dass der Klient sie ablegen wird. Er wird also ein aktives Loslassen erleben.

Indirekte Fragesätze mit *ob* kommen im Alltag relativ häufig vor und gehören deshalb wie selbstverständlich zu unserem Sprachgebrauch. Überlegen wir einmal genauer, was dieses kleine Wörtchen eigentlich bedeutet.

> *… Vielleicht fragst Du Dich jetzt, ob Du diese Wut verlieren wirst und wie es dann ist, wenn Du sie abgelegt hast …*

Klienten überprüfen alles, was wir sagen, intuitiv. Natürlich hat der Trancezustand den Vorteil, dass sie weniger kritisch mit unseren Aussagen oder Behauptungen umgehen. Dennoch folgen sie zunächst einmal unseren Formulierungen. Im oben genannten Beispiel wird der Klient also innerlich eine Entscheidung darüber treffen, ob er sich nun diese Frage stellt oder nicht. Soweit ist das zunächst nicht besonders problematisch. Je nach Aufbau und Ablauf der Tranceeinheit, können die besseren Suggestionen ja noch kommen und ihre Wirkung entfalten. Suggestion bedeutet jedoch immer, dass das Unbewusste unsere Worte eigenständig, also unabhängig von den wachbewussten Überlegungen und Gedanken, aufnimmt und etwas damit macht. Was könnte das hier sein? Das Unterbewusstsein unseres Klienten wird *fragen … ob* aufnehmen und daraus folgern, dass das Ergebnis offen ist bzw.

offen bleiben soll. Gerade das wollen wir ja vermeiden. Es soll aufnehmen, *dass* die Wut weggehen wird. Also ist eine Formulierung, die genau das unterstellt, günstiger. Betrachten wir noch einmal die zweite Formulierung.

> *... Vielleicht fragst Du Dich jetzt, wann Du diese Wut verlieren wirst und wie es dann ist, wenn Du sie abgelegt hast ...*

Hier wird auf jeden Fall *fragen ... wann* aufgenommen. An dieser Stelle beginnt ein innerer Suchprozess. Denn das Unterbewusstsein versucht auch diese Frage zu beantworten. Der Klient sucht unbewusst nach dem Zeitpunkt der Problemlösung. Das bedeutet, dass er alle Ressourcen und Selbsthilfemöglichkeiten, die er hat, also sein eigenes Potenzial abschätzen muss. Aber, bleiben Sie locker. Das kostet ihn überhaupt keine spürbare Anstrengung. Es läuft intuitiv. Er bemerkt es nicht einmal. Der zweite Teil der Suggestion *wie es dann ist ...* wird hier ebenfalls überdacht, denn der innere Suchprozess kann als Bejahung betrachtet werden. Wer nach Lösungsmöglichkeiten sucht, muss eine Vorstellung davon haben, wie es ohne das Problem wäre. Im ersten Formulierungsbeispiel geht der Faden durch die schwammige Formulierung im ersten Teil *fragen ... ob* eher verloren.

Machen Sie sich immer klar, dass Sie mit dem Wörtchen *ob* grundsätzliche Zweifel an der Problemlösung anmelden. Indem wir es dem Klienten hinschieben und ihn überlegen lassen, ob er das so denkt, ändern wir daran gar nichts. Unsere Fragen werden in Trance tendenziell als Behauptungen aufgenommen. Daher sind die beiden nachfolgenden Suggestionen als nahezu identisch zu bewerten.

> *… Ich überlege gerade, ob Dein Unterbewusstsein wohl die beste Möglichkeit finden könnte, Dir zu helfen …*

> *… Du kannst einmal überlegen, ob Dein Unterbewusstsein wohl die beste Möglichkeit finden wird, Dir zu helfen …*

Beide Suggestionsversuche sind nicht gerade meisterlich konstruiert. Betrachten wir einmal zwei andere Beispiele.

> *… Ich bin schon gespannt, welche neuen positiven Gefühle tief in Deinem Innern entstehen …*

> *… Vielleicht hast Du ja schon eine Idee, welche neuen positiven Gefühle tief in Deinem Innern entstehen …*

Auch hier bewirken beide Suggestionen grundsätzlich dasselbe. Wenn wir sagen *Ich bin gespannt* ... überträgt sich das auf die Erwartungshaltung des Klienten. Sagen wir *hast Du ja schon eine Idee* ... suggerieren wir, dass tatsächlich eine Idee vorhanden ist. Das Wort *vielleicht* täuscht den bewussten Gedanken vor, dass wir das als Möglichkeit des Denkens sehen und sorgt dafür, dass keine Nein-Haltung aufkommt. Das Unterbewusstsein ignoriert es weitgehend.

In den Beispielsuggestionen sehen wir, dass es neben *wann* oder *wenn* noch andere Wörter gibt, die das *ob* ersetzen können, beispielsweise die Wörter *wie, welche.* Grundsätzlich sollten wir darauf achten, dass die intuitiven Antworten auf unsere Fragen, auch wenn es nur hypothetische sind, möglichst mit Inhalten zu füllen sind. Reine Entscheidungsfragen *ob* oder *ob nicht* lassen den roten Faden reißen. Das Unterbewusstsein des Klienten soll sich veranlasst fühlen, über mögliche Veränderungen oder Zustände nachzudenken, sich auszumalen, wie es wäre, wenn ein bestimmter Zustand eintritt. Lassen Sie also niemals die Möglichkeit aufkommen, zu entscheiden, ob diese angesprochene Veränderung überhaupt möglich ist. *Sie ist es!* Alles, was grundsätzlich vorstellbar ist, kann auch passieren! Ich bin davon überzeugt, dass wir aktiv nur solche Wege gehen können, die wir in Gedanken bereits gegangen sind. Also lassen Sie Ihren Klienten diese Vorstellung entwickeln, damit auch er in seinem Alltag einen Weg gehen kann, den er gedanklich in der Therapie schon einmal gegangen ist.

Minimax-Technik 2

- *Vermeiden Sie Formulierungen mit „ob"*
- *Ersetzen Sie jedes „ob" durch „wenn", „wie", welche", „was"*
- *Lassen Sie den Klienten keine Entscheidung treffen, sondern provozieren Sie seine Fantasie*

Bei den folgenden Beispielen habe ich zur besseren Nachvollziehbarkeit einige ungünstige Ob-Formulierung aufgeschrieben und gleich im Anschluss jeweils eine bessere Variante.

Beispiele

… Wir werden bald sehen, ob Du diese Zwänge durch freie Gedanken ersetzen kannst …

…Wir beide können darauf gespannt sein, welche angenehmen und sanften

Gedanken sich schon bald bei Dir einstellen und die Zwänge ersetzen …

… Du überlegst Dir, ob Du bald wieder glücklich werden kannst …

… Du überlegst Dir nun, was Du alles unternehmen kannst, sobald Du wieder dieses glückliche Gefühl verspürst …

… Du fragst Dich immer wieder, ob es Dir überhaupt helfen kann, eine Therapie zu machen …

… Du fragst Dich immer wieder, wie sich Dein Leben verändern wird durch diese Therapie …

… Du sprichst häufig darüber, ob es überhaupt einen Ausweg aus Deiner Niedergeschlagenheit geben kann …

Du sprichst häufig davon, wie Du wohl aus Deiner Niedergeschlagenheit herausgehen kannst …

Achten Sie auch darauf, nicht zu vage zu formulieren, also beispielsweise nicht zu sagen, *wie Du wohl herausgehen könntest*, wenn das auch grammatikalisch in Ordnung ist. Machen Sie Nägel mit Köpfen. Der Klient *kann*, also sagen Sie das auch so. Es ist eine Suggestion: *Du kannst!*

Minimax 3: Vorwegannahmen einbauen

Wer einmal lügt, dem glaubt man nicht, selbst wenn er dann die Wahrheit spricht. Dieses Sprichwort kennt jeder, und es steckt tatsächlich viel Wahrheit darin. Obwohl unser Klient in Trance viel weniger kritisch ist als im hellwachen Zustand, also auch leichter belogen werden könnte, wird er es übel nehmen, wenn wir ihn offensichtlich belügen. Wir sollten also nicht einfach davon ausgehen, dass wir ihm während der Hypnose wer weiß was vorgaukeln könnten. Wir drehen das Sprichwort um und nehmen uns zur Devise: Wer einmal recht hat, dem glaubt man auch ein zweites Mal …

Suggestion bedeutet, etwas zu unterstellen, was nicht oder noch nicht ganz vorhanden ist, mit dem Ziel, es zu ermöglichen. Da kommen wir nicht ganz daran vorbei, über Zustände, Gefühle oder Potenziale zu reden, die eben noch nicht verfügbar sind. Wir stellen also einfach Behauptungen auf und erwarten, dass diese Wahrheit werden. Kann funktionieren, kann aber auch schief gehen. Wir sichern uns natürlich ab und verwenden eine besondere Technik, die so genannte Vorwegannahme. Am einfachsten lässt sich die Technik an einem einfachen Beispiel erklären.

> ... *Du gehst jetzt Schritt für Schritt in einen sehr schönen Entspannungszustand ...*

Ab einer gewissen Trancetiefe kann eine so einfache Suggestion ganz gut wirken. Bei der Einleitung oder Vertiefung eines Trancezustandes ist das schon unwahrscheinlicher. Der Klient könnte nach einer kurzen gedanklichen Prüfung zu dem Schluss kommen, dass er das nicht spürt, und daraus wiederum folgern, dass es auch nicht in naher Zukunft passieren wird. Diese innere Haltung blockiert eher den weiteren Ablauf. Betrachten wir folgende Formulierung.

> ... *Vielleicht fragst Du Dich ja, welche Seite Deines Körpers zuerst in diese tiefe Entspannung gehen wird ...*

Auch hier kann die innere Prüfung ein *Nein* ergeben. Das aber ist überhaupt nicht schlimm. Denn die Antwort *Nein* bedeutet *Nein, das frage ich mich nicht*. Der Klient fragt sich also nicht, welche Seite zuerst in Trance gehen wird. Damit allerdings nimmt er ohne es zu wollen an, dass er in Trance gehen wird. Es bleibt ihm nichts anderes übrig. Bereits bei einer sehr leichten Trance überprüft der Klient den zweiten Teil unserer Suggestion nicht mehr. Während seine wachbewussten Gedanken entscheiden, ob er sich die angesprochene Frage stellt, nimmt sein Unterbewusstsein als gegeben, dass diese Entspannung folgen wird. Nur so bleibt ein Sinn darin enthalten, über die Frage nachzudenken.

Das gewünschte Ergebnis, nämlich in Trance zu gehen, wird in der gewählten Formulierung als gegeben angenommen bzw. vorweggenommen. Gleichzeitig darf der Klient eine Entscheidung fällen. Sein Handlungs- und Entscheidungsspielraum bleibt in seiner subjektiven Wahrnehmung erhalten. Seine aktiven Gedanken gehen daher davon aus, die Kontrolle zu behalten, während sein Unterbewusstsein gezwungen ist, dem vorweggenommenen Ziel zu folgen. Der Aufbau einer Vorwegannahme ist einfach. Im ersten Teil lassen wir eine Entscheidung zu, die allerdings die Richtigkeit des zweiten Teils voraussetzt. Dieser darf dann zum Zeitpunkt der Suggestion noch unwahr sein. Der Klient folgt ihr wie einer Anweisung und bemüht sich ohne es selbst zu merken, den gewünschten Zustand herzustellen. Bereits vor dem Einleiten einer Hypnose kann mit Hilfe solcher Vorwegannahmen ein so genanntes Yes-Setting aufgebaut werden. So nennt man die Grundausrichtung auf eine innere Ja-Haltung zur Hypnose. Mit Hilfe des gezielt suggerierten Yes-Settings kann die Tranceeinleitung unterstützt werden. Gerade bei sehr skeptischen Klienten ist es oft hilfreich, durch scheinbar selbstverständliche oder beiläufige Fragen, dieses Yes-Setting aufzubauen. Schauen Sie sich folgende Fragen, die Sie vor der Tranceeinleitung stellen könnten, einmal genauer an.

- *Möchten Sie lieber im Sitzen oder im liegen hypnotisiert werden?*
- *Möchten Sie mit etwas Musik in Trance gehen?*
- *Wollen Sie sich vielleicht lieber zudecken, in Trance wird es oft kühl?*

Bei allen Fragen kann der Klient eine Entscheidung treffen, er kann also den Ablauf beeinflussen. Das lässt ihm in seinem subjektiven Erleben die Kontrolle über die Situation und signalisiert grundsätzlich Sicherheit. Durch seine Entscheidungsfreiheit stellt sich bereits eine Tendenz zur inneren Bereitschaft ein und damit eine Ja-Haltung. Bei allen Fragen akzeptiert er, dass die Situation auf eine Trance hinausläuft. Das ist auch nicht durch seine Skepsis oder sein Misstrauen zu ändern. Auf die Frage, ob der Klient mit Musik in Trance gehen möchte, müsste er schon antworten, dass er überhaupt nicht hypnotisiert werden will. Das tut kein Klient. Er will ja schon, nur fürchtet er sich oder ist sich nicht sicher, ob das funktionieren kann. Wenn er aber entscheidet, mit Musik in Trance zu gehen oder eben ohne, je nachdem, wie er antwortet, legt er gleichzeitig fest, dass er in Trance gehen wird. Sonst würde seine Antwort keinen Sinn machen. In diesem Moment suggeriert er sich selbst bzw. seinem Unterbewusstsein, dass er gleich in eine Trance gehen wird.

Minimax-Technik 3

- *Bieten Sie im ersten Teil einer Vorwegannahme etwas an, dass bejaht wird oder eine Entscheidungsmöglichkeit*
- *Bauen Sie den zweiten Teil so auf, dass er eine Voraussetzung für die Entscheidung des ersten Teils darstellt*

Wenn wir bereits vor der eigentlichen Hypnose, beispielsweise im Vorgespräch oder während der Klient sich zur Tranceeinleitung hinlegt, einige Vorwegannahmen anbieten, die eine baldige Trance unterstellen, erleichtern wir uns die Arbeit enorm. Probieren Sie es einfach aus!

Beispiele

... Vielleicht hast Du ja schon bemerkt, dass Deine Atmung viel ruhiger geworden ist ...

... Möglicherweise spürst Du irgendwo ein leichtes Kribbeln oder etwas Wärme oder es ist irgendwo an Deinem Körper etwas kühler als an anderen Stellen als Signal für die Kraft, die in Dir in Bewegung gekommen ist, um Dir Mut zu geben ...

...Vielleicht möchtest Du noch einmal darüber nachdenken, wie das war mit dieser Depression, bevor Du sie nun verabschiedest ...

... Vielleicht hast Du ja schon eine Idee, wo Du als erstes hinfährst, wenn Du Dich wieder traust, mit dem Auto zu fahren ...

... Sobald Du aufhörst zu rauchen, wird Dein Geruchsinn viel besser ... ich bin schon gespannt, welchen Geruch Du als erstes intensiv wahrnimmst, wenn Du Nichtraucher bist ...

Minimax 4: Wenn – Dann …
…und sowieso

Therapeuten sagen es ja immer wieder: Wenn ein Klient will, dass ihm geholfen wird und wenn er wirklich etwas in seinem Leben ändern will, auch wenn er es noch nicht kann, dann wird es auch geschehen. Denn dann lässt er sich auch auf Therapie ein, auf vielleicht manchmal schmerzhafte Phasen oder unangenehme Hindernisse, um schließlich mit Hilfe und unter Begleitung seines Therapeuten einfach einen Schritt nach vorne zu gehen und Neues zu erleben. Wenn er es wirklich will, dann passiert es auch …

Natürlich ärgern wir unseren Klienten nicht mit solchen Aussagen, die während der Therapie meistens nicht so viel bringen. Wir dürfen jedem Klienten unterstellen, dass er grundsätzlich Hilfe sucht und eine Veränderung anstrebt. Ihm also einfach zu sagen, dass das bereits die Lösung ist, würde auch in Trance nicht gleich zum Durchbruch führen. Dennoch steckt eine wichtige Interventionsmöglichkeit in den *Wenn-dann-Sätzen*. Natürlich müssen auch diese richtig formuliert und vor allem richtig dosiert sein. Nehmen wir einmal an, wir bieten unserem Klienten, der gerne mit dem Rauchen aufhören möchte, folgende Formulierung an.

… Wenn Du wirklich den tiefen Wunsch in Dir trägst, mit dem Rauchen aufzuhören, dann gelingt es Dir heute und Du wirst für immer frei sein vom Rauch …

Wir sind ja keine Zauberer. Es ist daher sehr zweifelhaft, dass eine solche Formulierung alleine genügt, um den Klienten für immer zum Nichtraucher zu machen. Zwei Probleme trägt die Formulierung in sich. Erstens wissen wir nicht, ob er nun tatsächlich den ganz tiefen Wunsch hat. Zweitens setzen wir ein sehr hohes Ziel, das auch bei kritikarmer Trance nicht gleich im ersten Anlauf überzeugt. Die nächste Zigarette wird die Behauptung völlig zunichte machen. Gehen wir etwas dezenter vor, so wird die Wirkung bedeutend höher. Zunächst einmal sollten wir im ersten Teil, also im Wenn-Satz, etwas anbieten, dass sofort und eindeutig überprüft werden kann. Der tiefe Wunsch bleibt auch bei sehr selbstbewussten Menschen eher zweifelhaft. Es geht bei Suggestionen immer um angestrebte Veränderungen. Unser Klient kann Veränderungen, die gerade stattfinden bzw. während der Trance stattgefunden haben, sofort überprüfen.

Beispielsweise kann er feststellen, dass die Entspannung zugenommen hat, dass sein Arm bei einer Levitation wie von selbst nach oben gestiegen ist oder dass der Arm auf seltsame Art und Weise unbeweglich wurde. Es gibt nun viele weitere Möglichkeiten, die der Klient sofort überprüfen kann. Am besten eignen sich natürlich Ereignisse, die nicht gerade alltäglich sind. Wir lenken die Aufmerksamkeit der betreffenden Person auf dieses nicht alltägliche und für ihn daher besondere Ereignis, das wir ihm als seine besondere Gabe vorstellen. Im Dann-Teil bieten wir ihm eine Folge an, die in die angestrebte Richtung geht. Diese Vorgehensweise kennen wir schon von den Vorwegannahmen. Das folgende Beispiel zeigt so eine Wenn-dann-Verknüpfung in Form einer Vorwegannahme.

> *… Wenn es Deinem Unterbewusstsein nun gelingt, Deinen Arm wieder beweglich zu machen und langsam auf die Unterlage sinken zu lassen, dann gelingt es Dir auch schon bald, diesen Wunsch nach einer Zigarette zu reduzieren …*

Dem Unterbewusstsein wird es gelingen, denn der Arm bewegt sich nach dieser Ansage sehr schnell nach unten. Die angesprochene Wirkung wird sich ebenfalls einstellen. Der Klient wird den Wunsch nach der Zigarette automatisch reduzieren, weil seine Erwartungshaltung ihm das vorgibt. Sollte er nach seiner ausführlichen Raucherentwöhnung dennoch Lust auf eine Zigarette bekommen, so wird er dennoch dazu neigen, diesen Drang als reduziert zu interpretieren. Den reduzierten Wunsch nach einer Zigarette kann er nicht genau beurteilen. Haben wir mit Hilfe der Vorwegannahmen dieses Wenn-dann-Prinzip erst einmal eingeführt, können wir weitere Wenn-dann-Ereignisse dranhängen, die dann eine viel höhere suggestive Wirkung entfalten als wenn wir sie ohne Vorbereitung präsentieren. Nun dürfen wir einfach Behauptungen aufstellen. Diese wirken als posthypnotische Suggestion, also nachdem der Klient wieder wach ist und sich in seiner gewohnten Umgebung befindet.

> ... Immer, wenn Du eine Zigarette siehst oder auch nur daran denkst, erinnerst Du Dich an diese Bewegung Deines Armes, die Dir heute gezeigt hat, dass Dein Unterbewusstsein Dich bei dem Wunsch nie mehr zu rauchen unterstützt ...

> ... Und immer, wenn Du eine Zigarette siehst oder jemanden rauchen siehst, spürst Du sofort diesen unwiderstehlichen Drang nach frischer Luft ...

Den ersten Teil der Wenn-dann-Behauptungen kann der Klient in seinem Alltag immer gut erkennen. Den zweiten Teil geben wir einfach vor. Er sollte so gehalten sein, dass er zumindest nicht in vollem Umfang überprüft werden kann.

> *... Immer, wenn Du Dich zum Schlafen hinlegst und Dich zudeckst und das Licht ausmachst, schläfst Du sofort ganz fest ein ...*

Das wird nicht unbedingt so sein. Gelingt es dem Klienten nicht direkt oder auch mehrere Male hintereinander nicht, so negiert er innerlich die ganze Verknüpfung und die Wirkung ist dahin. Es geht besser.

> *... Immer, wenn Du Dich zum Schlafen hinlegst und Dich zudeckst und das Licht ausmachst, spürst Du diese Müdigkeit in Dir aufsteigen, die so stark wird, dass Dein Körper sich schrittweise entspannt und Dich schneller einschlafen lässt ...*

Natürlich kann auch das schief gehen. Die Wahrscheinlichkeit, dass der Klient die in Aussicht gestellt Müdigkeit und die Entspannung spüren wird, ist jedoch hoch. Er wird seinen Aufmerksamkeitsfokus darauf richten und daher vermutlich leichter einschlafen. Wer nicht gut einschläft, lässt die Gedanken kreisen. Niemand versucht sich von selbst, auf die vorhandene Müdigkeit und die, wenn auch nicht ausreichende, Einschlaftendenz zu konzentrieren. Gerade das führt aber dazu, diese Tendenzen deutlicher zu spüren und damit in ihren Sog zu geraten.

Nachdem bereits während der Trance Wenn-dann-Beziehungen als Vorwegannahmen vorkamen, geben wir ihm nun einige gezielte Wenn-dann-Verknüpfungen als posthypnotische Suggestionen mit auf den Weg. Der Wenn-Teil muss dabei immer so nah wie möglich an seinem Alltag anknüpfen. Er muss ihn sofort erkennen. Wir müssen also wissen, wann der Raucher raucht. Was ihn dazu animiert, welche Auslösesituationen es gibt. Das Gleiche gilt für den Klienten mit Ängsten oder Zwängen oder anderen Schwierigkeiten.

Beachten Sie, liebe Leserinnen und Leser, dass es immer auch auf die Überzeugungskraft des Therapeuten ankommt. Sie müssen als Hypnotiseure absolut davon überzeugt sein, dass Ihre Interventionen Erfolg haben werden und diese auch so verkaufen. Wenn das eine geschieht, dann erfolgt auch das andere und ob der Klient es nun will oder nicht... es geschieht sowieso ...

Verwechseln Sie das bitte nicht mit Autorität oder Strenge. Wenn-Dann bedeutet das Ziel folgt auf die Voraussetzung. Sonst müssten wir sagen Wenn … dann vielleicht. Auch das kann in bestimmten Zusammenhängen gut sein. Dazu kommen wir aber noch später. Betrachten wir nun aber zuerst die Wenn-dann-Regeln.

Minimax-Technik 4

- *Der Wenn-Teil muss einfach und im Alltag klar zu erkennen sein*
- *Der Wenn Teil muss der Routine des Klienten entsprechen*
- *Der Dann-Teil muss relativ leicht zu erfüllen sein*
- *Das mögliche Nicht-Funktionieren des Dann-Teils sollte schwer nachvollziehbar sein*

Denken Sie immer daran, dass der Klient den Erfolg aufgrund seines Glaubens herstellt. Suggestionen haben kein Eigenleben, sondern wirken durch die Überzeugung des Klienten. Die besten Formulierungen sind diejenigen, die der Klient bei gutem Funktionieren leicht bestätigen kann, bei weniger starker Wirkung jedoch nicht ganz sicher als unwirksam abtun kann. Dann unterstellt er die gewünschte Wirkung zumindest tendenziell und steuert das Ziel innerlich eher an.

Beispiele

> … Wenn Du den Prüfungsraum betrittst, beginnt Dein Unterbewusstsein sofort, Dein Wissen ganz tief in Dir zu aktivieren und schrittweise für Dich bereit zu stellen …

> … Wenn Du noch einmal dieses Unwohlsein spürst, dann erinnert sich Dein Inneres daran, wie schön es war, als Du diese tiefe Entspannung gespürt hast, die Du jetzt gerade erlebst und dann spürst Du schon wieder, dass es etwas ruhiger in Dir wird …

> … Immer, wenn Du Dich hinlegst, um Dich zu entspannen, die Augen schließt und tief ein und aus atmest, dann denkst Du an das Bild einer Blume und begibst Dich in einen ruhigen Zustand …

Minimax 5: Wenn Du willst ...

Da haben wir es wieder. Wenn der Klient will, geht alles. Und wenn nichts geht, dann will er einfach nicht. Wie schön, der Klient ist immer an allem schuld. Jetzt mal langsam! Wollten wir nicht eigentlich ohne Schuldzuweisungen arbeiten? Haben wir uns als Therapeuten nicht vorgenommen, niemanden zu verurteilen und keinem die Schuld zu geben? Ja, genau darum geht es ...

Wir unterstellen unserem Klienten niemals die Schuld an etwas. Wir sind viel cleverer und geben ihm Macht. Ja, genau. Denn, wenn er will, kann er ganz schön viel. Und wenn er nicht will, dann ist es auch nicht notwendig zu wollen. Klingt schräg? Macht nichts! Also worum geht es? Sehen wir uns die folgende Formulierung einmal an.

... Wenn Du willst, kannst Du Dich heute ganz tief entspannen ... so tief wie noch nie zuvor ... wenn Du lieber weniger entspannen willst ... dann machst Du es so, wie es Dir gerade passt ... entspanne Dich so, wie Du es willst ...

Unser Klient ist ein denkendes Wesen. Wenn er auch weniger kritisch ist, als er das im wachen Zustand kennt, was er aber gar nicht merkt, so denkt er doch mit und hört uns oft zu. Nun bieten wir ihm an, dass er etwas tun kann, wenn er es will. Das hat verschiedene Vorteile.

Der erste Vorteil liegt darin, dass er sich einbezogen fühlt. Es wird nur das gemacht, was er will. Und wenn er eben nicht will, dann ist das gar kein Problem. Das behaupten wir und können uns dabei zurücklehnen. Hat er weniger Erfüllungsdruck, haben wir auch weniger. Natürlich soll kein schlechtes Gewissen entstehen. Entspannung ist ja noch keine besondere Leistung. Wir sagen ja nicht, dass der Erfolg der Therapie davon abhängt, ob er nun will oder nicht. Nein, wir beziehen ihn ein und überlassen ihm Freiräume. Zumindest sieht es so aus. Tatsächlich allerdings führt dieses ständige *will* als ganz eigene Suggestion dazu, dass das Unbewusste sich darauf einstellt, das Angesprochene, in diesem Fall die Entspannung, tatsächlich zu wollen. Das kommt uns entgegen. Der zweite Vorteil liegt darin, dass wir dem Klienten suggerieren, dass wir ihm einiges zutrauen. Er kann sich also entspannen. Wir glauben an ihn. Wir sind davon überzeugt, dass er vieles kann, wenn er will. Indem wir keine Pflicht daraus machen, sondern ihm großzügig die Entscheidung überlassen, entsteht kein Druck, sondern das Gefühl des Vertrauens. Auch bei dieser Minimax-Variante achten wir darauf, dass wir Aspekte ansprechen, die möglichst dem tatsächlichen Willen entsprechen bzw. auf die sich der Klient gut einstellen kann. Entspannen will sich eigentlich jeder gerne. Da geht fast jeder Klient gut mit und macht es schnell zu seinem starken Willen. Er spürt natürlich sehr rasch, dass er sich tatsächlich tiefer entspannen kann. Entspannungstendenzen stellen sich bei einer Hypnosesitzung automatisch ein. Seine eingeschränkte Kritikfähigkeit wird den Klienten kaum darüber nachdenken lassen, ob das wirklich sein erklärter Wille war oder ob er es nur in Kauf genommen hat, sich zu entspannen. Der dritte und entscheidende Vorteil der Wenn-Du-willst-Variante liegt in den Ausbaumöglichkeiten. Ist der Klient erst einmal auf der richtigen Spur, so können wir auch komplexere Abläufe als seinen Willen verkaufen bzw. als seine Entscheidung, die er dann aber nicht wirklich fällt. Das stärkt seinen Glauben an sich selbst und in seine tiefen Fähigkeiten. Immerhin sind es seine Fähigkeiten zur Veränderung oder zur Selbstheilung, die den Erfolg der Hypnose ausmachen. Unsere Wenn-Du-willst-Suggestionen binden den Klienten eng an seine eigenen Potenziale und lassen ihn daran glauben. Nach einigen Wiederholungen dieses Prinzips prüft der Klient nicht wirklich, ob er irgendetwas von dem, was wir sagen wirklich will. Er folgt tendenziell.

> ... *Wenn Du willst, kannst Du Dich in der heutigen Trance einmal ganz intensiv mit Deinen Zukunftsängsten befassen ... mit den Auswegen daraus ... mit Alternative ...dazu entspannst Du Dich zuerst einmal in aller Ruhe ... wenn Du willst, sogar ganz tief ... und wenn Du willst, geht die Entspannung dann immer tiefer ... vielleicht willst Du ja zunächst einmal einfach Deine Ruhe haben ... ein bisschen ausruhen ... um dann etwas später ganz tief hinab zu sinken ... ganz tief ... wenn Du willst, kannst Du eine angenehme und entspannende Energie von deinem Kopf aus in Deinen Körper fließen lassen ... wenn Du willst, kommst Du dadurch in diese Ruhe ... ...*

Denken Sie noch einmal an den zusätzlichen Vorteil der Wiederholungen *Wenn Du willst*. Mit der Zeit wird das als Suggestion in der Form *Du willst, dass* aufgefasst und wirkt immer stärker in die angestrebte Richtung. Es kommt immer darauf an, etwas Gutes darin zu sehen, dass der Klient vielleicht nicht will. Es kommt ja auch vor, dass der Klient will, aber nicht kann bzw. noch nicht kann. Es darf niemals so sein, dass bei ihm ankommt *Wenn es nicht klappt, hast Du es nicht gewollt*. In diesem Fall müssten wir das Unterbewusstsein verantwortlich machen. Dann fühlt sich der Klient wieder entlastet.

Minimax-Technik 5

- *Sagen Sie einige Male „Wenn Du willst...", wenn Sie sich sicher sind, dass der Klient will*
- *Geben Sie ihm das Gefühl der Entscheidungsfreiheit (Wenn er nicht will, ist es also in Ordnung)*
- *Vermitteln Sie den Glauben an seine Fähigkeiten*

Am besten bündeln Sie immer einige Will-Attacken und beginnen mit den Selbstverständlichkeiten. Arbeiten Sie sich dann zu den Therapiezielen vor. Bildhafte Vorstellungen können schlecht abgelehnt werden. Der Klient kann sich beispielsweise nicht wirklich entscheiden, ob er sich auf das Bild einer Blume konzentriert, wenn wir ihm anbieten, er könnte an eine Blume denken, wenn er es will. Das gilt für jede Art der Aufmerksamkeitslenkung.

Beispiele

> ... Wenn Du willst, kannst Du jetzt einmal darüber nachdenken, wie es eigentlich wäre, wenn Du immer gut gelaunt wärest ... und wenn Du willst, kannst Du jetzt so ein gutes Gefühl auch haben ... so ein unbeschwertes ...

> ... Wenn Du willst, wird sich Dein Arm gleich wieder nach unten bewegen ... und vielleicht willst Du damit ja auch Deinem Unterbewusstsein ein Signal senden, dass es Dich heute besonders gut unterstützen soll ...

> ... Wenn Du willst, kannst Du Deine Atmung genau spüren ... wie die Atemluft durch die Nase ein und ausströmt ... und wenn Du willst, kannst Du die Energie, die Du damit aufnimmst ganz zu Deiner Schulter lenken ... dann stellt sich schon bald ein mildes Gefühl dort ein, wo vorher die Schmerzen waren ... wenn Du willst, kannst Du es einmal versuchen ... einfach einatmen und die Energie dorthin lenken ...

Minimax 6: Überprüfbares

*Erfolg muss überprüfbar sein und nach-
weisbar! Das hört sich an, wie der
Grundsatz eines Unternehmensberaters,
hat aber auch in der Therapie einiges für
sich. Therapieerfolge müssen auch nach-
weisbar sein, wobei der Maßstab die sub-
jektive Einschätzung des Klienten ist.
Nur die ist interessant. Fremdeinschät-
zungen über Therapiefortschritte haben
bestenfalls wissenschaftliche Bedeutung
oder Selbstwert erhaltende für den frust-
rierten Therapeuten. Die überprüfbaren
Fortschritte reiben wir dem Klienten auf
jeden Fall unter die Nase. Keine Sorge,
das hat nichts mit Selbstbeweihräuche-
rung zu tun ...*

Wir wollen alle das Gleiche. Dem Klienten soll es
besser gehen. Er soll seine Ziele möglichst erreichen, also entweder Mut, Selbstvertrauen, Er-
folgsstrategien oder Motivation aufbauen oder
etwas Unangenehmes verlieren, sich von Angst,
Verstimmungen, lästigen Tics oder Zwängen
befreien oder andere mentale Störenfriede ablegen. In den meisten Fällen arbeiten wir mit mehr
als einer Sitzung, gehen mit dem Klienten also
mehrere Schritte bis zum Ziel oder bis wohin wir

eben gelangen. Dabei machen wir auf das bereits Erreichte immer wieder aufmerksam. Das hat nichts mit krampfhaften Überzeugungsversuchen zu tun, sondern soll das Unbewusste des Klienten auf Zielkurs halten. Es ist eine enorme Verstärkung, aufzuzählen, was bereits gelungen ist und wie unvorstellbar das noch vor kurzem war. Dabei dürfen wir die Erfolge gerne ein wenig überzeichnen. Denken Sie in jeder Sekunde Ihrer Hypnosearbeit daran, dass der Klient nicht so kritisch und akribisch urteilt und bewertet. Warten Sie mit Ihrer Lobhudelei, bis er einigermaßen in Trance ist und Ihre Übertreibungen nicht mehr durchschaut. Bauen Sie in der dritten oder vierten Sitzung doch einmal so eine Lobhudelei ein und werfen Sie alles, was bisher gelungen ist in die Waagschale. Das muss natürlich so geschehen, dass der Klient die Botschaft erhält, dass er es erreicht hat und nur er. Und - bei aller Erfolgsbestätigung, die wir Therapeuten ja auch brauchen - das ist nicht übertrieben. Denn erreicht hat es der Klient!

Wir formulieren alles so, dass es direkt überprüfbar und vor allem nachvollziehbar ist. Wir streben dabei Bestätigungen durch den Klienten an. Durch das wiederholte innere *Ja* des Klienten können wir anschließend weitere Zielsuggestionen dranhängen, die dann auch als erfüllbar oder erreichbar hingenommen werden.

… Jetzt kannst Du einmal darüber nach-
denken, was Du bereits erreicht hast …
in den letzten Tagen hast Du bereits be-
merkt, dass Du sehr viel ruhiger gewor-
den bist … dass Du abends schon viel
besser abschalten kannst … und einfach
einmal das Nichtstun genießen kannst …
zumindest eine zeitlang geht es Dir dabei
ganz gut … du hast gesehen, dass Du die
Verantwortung für Deine erwachsenen
Kinder gar nicht so oft übernehmen
musst … und dass sie alleine zurecht
kommen … und Du kannst Dich bei die-
ser Entlastung schon viel lockerer und
viel angenehmer fühlen …

All das bestätigt der Klient, wenn es der Wahrheit entspricht. Er muss also genauso oder zumindest ansatzweise so denken. Das erfahren
wir im Vorgespräch, das wir vor jeder Hypnose-
einheit machen sollten. Schließlich wollen wir die
Veränderungen und den Therapiefortschritt unseres Klienten miterleben und unsere weiteren
Schritte entsprechend aufbauen. Haben wir den
überprüfbaren Erfolg dargestellt, können wir
nun weitere Ziele und Veränderungen vorgeben,
die tendenziell angenommen werden. Das kennen wir von den Vorwegannahmen. Unser Klient
wird das Gefühl haben, dass wir aufmerksam

sind und uns für ihn und seine Themen interessieren, indem wir manchmal wiederholen und darstellen, was bisher erreicht wurde. Folgende Zielsuggestionen könnten wir an das beschriebene Beispiel anhängen.

> ... *Und in den nächsten Tagen gehst Du noch viel tiefer in dieses neue Gefühl ... in diese neue Gelassenheit, die Dir so gut tut ... Du kostest diese Entspannung aus und lässt immer mehr los ...*

Auf diesem Weg befindet sich unser Klient bereits. Die angenehme Wirkung der Entspannung während der Trance wird gleichbedeutend mit der Entspannung durch die Verantwortungsabgabe. Im Moment der Trance wünscht sich der Klient ziemlich sicher noch tiefere Entspannung. Er folgt daher der Idee, auch in den nächsten Tagen loszulassen.

Minimax-Technik 6

- *Lenken Sie die Aufmerksamkeit auf überprüfbare Erfolge*
- *Hängen Sie Zielsuggestionen dran, die in die gleiche Richtung gehen*

Minimax 7: Nicht Überprüfbares

Wenn wir Behauptungen aufstellen, die der Klient nicht glauben kann, laufen wir Gefahr, dass er sie ablehnt. Schließlich können wir ihm nicht so einfach sagen, dass er ab Morgen der Größte von allen ist. Zumindest wird er es nicht so ganz glauben, weil er es leicht überprüfen kann. Zum Glück kann er nicht alles überprüfen …

Es geht ja bei allen Suggestionen, die eine Veränderung anstreben, darum etwas herzustellen oder zu ermöglichen, was bisher noch nicht umsetzbar war. Dass Überredungskunst nicht ausreicht, dürfte klar sein. Trance einleiten und dann Behauptungen aufstellen kann auch nicht die alleinige Idee sein. Auch das wäre bloß ein Überreden im Zustand der Entspannung. Nach der Trance würde die Wirkung rasch vergehen. Wir haben bereits gesehen, dass wir an Teilerfolgen oder Erfolgstendenzen, die der Klient nachvollziehen kann, anknüpfen können, um diese zu beschleunigen. Nicht immer haben wir geeignete Erfolge zur Hand. Gerade hartnäckige Fälle bieten uns da oft wenig Angriffsfläche. Wir benötigen also einen Ausweg. Wir könnten – natürlich in bester Absicht und zum Wohle des Klienten –

ein bisschen flunkern und einfach einen Erfolg unterstellen, den wir genau wahrnehmen, den der Klient nur noch nicht festgestellt hat. Die Kunst besteht darin, keine Ablehnung zu erhalten. Wir dürfen also nichts unterstellen, das völlig unvorstellbar ist oder einfach von der denkenden Logik des Klienten selbst in Trance abgelehnt würde.

Während der Trance können wir beispielsweise die Tatsache nutzen, dass der Klient die Augen geschlossen hat und ihm kaum noch eine brauchbare optische Wahrnehmung zur Verfügung steht. Nehmen wir einmal an, wir streben eine Armlevitation an und der Arm des Klienten bewegt sich trotz intensiver Bemühungen nicht. Das kommt manchmal vor. Meistens ist das für die Therapie nicht so entscheidend. Heute versuchen wir aber dennoch, den Arm wie von Geisterhand anheben zu lassen. Armlevitationen verlaufen meistens ruckartig in einer Art Zahnradbewegung. Kurz bevor der Arm nach oben steigt, sind häufig leichte Zuckungen im Arm oder in der Hand zu beobachten. Das sind erste Impulse der anstehenden Bewegung. Diese werden von vielen Klienten wahrgenommen, von anderen wiederum nicht. Manchmal sind sie auch zu spüren und dennoch bewegt sich der Arm nicht richtig. Wie auch immer. Der unerfahrene Klient weiß weder, wie sich die Armlevitation anfühlt, noch hat er eine Vorstellung davon, ob er sie überhaupt spüren wird. Er ist meistens gespannt auf das, was da passieren soll. Das gibt uns Spielraum. Folgende Vorgehensweise benutze ich beispielsweise, wenn ein Klient einen „leblosen" Arm hat, der keinerlei Zuckungen zeigt und keine für mich beobachtbaren Anzeichen einer Bewegung.

> *... Gleich wird Dein Arm nach oben steigen ... federleicht und wie von selbst ... wie von unsichtbarere Hand gezogen ... da ist schon ein leichtes Zucken ... vielleicht spürst Du es schon ein bisschen ... ich kann es schon sehen ... manchmal ist es zu spüren ... und manchmal spürt man es erst etwas später ... da war es gerade schon wieder ... das ist das Zeichen, dass Dein Arm sich nun gleich nach oben bewegt ...*

Diese Vorgehensweise führt fast immer dazu, dass der widerwillige Arm sich dann doch bewegt. Warum? Nun, der Klient kann nicht wirklich überprüfen, ob ich die Wahrheit sage. Grundsätzlich geht auch der skeptische Klient davon aus, dass wir es gut meinen und ihn nicht anlügen, selbst wenn er davon ausgeht, dass Hypnose eigentlich manipulativ ist, erwartet er nicht diesen Trick. Bleiben wir hartnäckig, neigt er immer stärker dazu anzunehmen, dass dieses Zucken tatsächlich da ist. Er beurteilt das alles wie immer weniger kritisch als im hellwachen Zustand. Und ohne es zu bemerken entsteht ein innerer Erfüllungsdruck. Dieser tut nicht weh und wird auch nicht als solcher wahrgenommen. Das Unbewusste kooperiert und die gewünschte Wirkung stellt sich ein. Der Klient folgt unseren Suggestionen, darauf kommt es an.

Achten Sie auf die Formulierung *Da war es gerade schon wieder*. Es ist geschehen, aber gerade schon vorbei. Es lässt sich nun nicht mehr durch Aufmerksamkeitslenkung überprüfen. Das gleiche Prinzip können wir auf viele andere Bereiche anwenden. Dabei können wir Dinge ansprechen, die während der Trance geschehen oder geschehen könnten, aber auch andere Ereignisse und angebliche Veränderungen. Wir sollten immer sehr nahe an dem dran sein, was tatsächlich der Fall ist. Die Zuckungen oder die Impulse im Arm sind entweder bereits zu spüren oder sie stehen unmittelbar bevor. Wir verhelfen ihnen zum Durchbruch, indem wir sie bereits unterstellen. Vielleicht haben wir im Vorgespräch bemerkt, dass ein sehr schüchterner Klient, der aufgrund seines schwachen Selbstvertrauens zu uns gekommen ist, schon aufrechter und mit einer etwas dominanteren Körperhaltung in seinem Sessel saß. Auch das könnten wir ansprechen.

… Als wir uns im Vorgespräch unterhalten haben, hast Du viel aufrechter da gesessen … das war eine richtig imposante Erscheinung, die Dir vielleicht gar nicht aufgefallen ist …

Wir übertreiben einfach ein bisschen. Der Klient wird in den meisten Fällen zumindest von einem leichten Ansatz einer Veränderung ausgehen und damit auch die Möglichkeit in Betracht ziehen, große Schritte zu gehen.

Minimax-Technik 7

- *Überzeichnen Sie die Ansätze in die gewünschte Richtung etwas*
- *Bieten Sie etwas an, dass Sie beobachten könnten, der Klient aber nicht*

Klienten können im Gespräch nicht ihren eigenen Gesichtsausdruck beobachten, also auch nicht die Farbe des Gesichtes, nicht die Körperhaltung und sie können auch nicht rückwirkend Veränderungen im Sprachgebrauch oder in ihrer eigenen Ausdrucksweise sicher überprüfen.

Beispiele

... Heute im Vorgespräch hast Du das Wort Angst viel seltener gebraucht, obwohl Du von den gleichen Situationen wie beim letzten Mal gesprochen hast ... das zeigt mir, dass dieses Gefühl schon jetzt nicht mehr so weit vorne steht ...

... Denk jetzt einmal an Deine Lösungsmöglichkeiten ... an Deine eigene Kraft, die Dir aus Deinen Problemen heraus helfen kann ... ich sehe, dass Dein Gesicht entspannt hat ... das zeigt mir, dass Du diese Fähigkeiten in Dir trägst ...

... Vielleicht ist Dir aufgefallen, dass Du heute viel häufiger gesagt hast „Ich will das nicht mehr" ...

... Indem sich Dein Arm nun wieder nach unten bewegt, stellt Dein Unterbewusstsein eine ganz starke Bereitschaft zur Veränderung her ...

... Stell Dir einfach einmal ein Fragezeichen vor Deinem inneren Auge vor ... alleine das ist schon ein Signal für Dein Unterbewusstsein, nun seine besten Helfereigenschaften zu aktivieren ...

Minimax 8: Analoges Markieren

Unsere Klienten suchen Orientierung und Neuausrichtung. Das ist auch bei denen so, die scheinbar in ihren Problemen verharren möchten. Neue Wege zu gehen, ist oft nicht einfach, weil Skepsis, Ängste oder Misstrauen dem entgegen stehen. Vielleicht sollten wir ein paar Schilder aufstellen, die dem Klienten den Weg weisen. So etwas Ähnliches haben wir tatsächlich zur Verfügung …

Den richtigen Weg zu finden, um aus einer Problemkonstellation herauszukommen, ist natürlich nicht vergleichbar mit der Suche einer Adresse, wenn wir mit dem Auto unterwegs sind. Die Wege, die wir innerlich gehen, also das Denken, Wahrnehmen und Fühlen, haben wir nicht so in der Hand, wie das Lenkrad eines Autos. Die sachliche Entscheidung, nun weniger ängstlich zu sein oder weniger depressiv, bringt meistens keinen deutlichen Fortschritt. Dennoch kann auch unser tiefes Inneres, also unser Unbewusstes, Entscheidungen treffen und sich stärker auf die eigenen Fähigkeiten und Potenziale zur Problembewältigung berufen als auf das Laufenlassen der Schwierigkeiten. Um bei dem Bild der Wegsuche zu bleiben, können wir davon ausgehen, dass das unbewusste Denken und Handeln des psychisch kranken Klienten an bestimmten Stellen falsch abbiegt. Dort sollten wir Schilder aufstellen, damit es andere Wege geht. Das stellt uns allerdings vor die Schwierigkeit, dass das Innenleben der Menschen derart komplex ist, dass wir die Kreuzungen, an denen falsch abgebogen wird, nicht so einfach finden. Das aber ist nun weniger schlimm als es sich anhört. Schließlich können wir einfach einen neuen Weg suchen und dann auf diesem gehen. Sehen wir uns das einmal in der Praxis an.

Angenommen, ein Klient wird wegen Zwängen behandelt und kann während der Sitzung seine Zwangsgedanken abschalten. Das ist eigentlich kein Problem. In der Entspannung folgt der Klient unseren Fantasiereisen oder Suggestionen und ist für den Zeitraum der Trance relativ leicht von den störenden Gedanken zu befreien. Diese Befreiung soll nun möglichst stark in den Alltag transportiert werden. Wir stellen Schilder auf.

> ... Jetzt spürst Du diese Ruhe und vielleicht hast Du ja schon bemerkt, dass Deine Gedanken einfach wegfließen, wenn Du diese Ruhe spürst ... hier und heute kannst Du es ... und auch in Deinen Alltag ... in Deine wache Wirklichkeit kannst Du diese Freiheit transportie-

ren ... Du kannst schon bald die stören-
den Gedanken für immer loslassen und
immer diese Freiheit in deinem Kopf erle-
ben ... vielleicht ist heute ja schon der
Tag gekommen, an dem Du diese krei-
senden Gedanken für immer loslässt ...
wenn heute schon der richtige Tag ist ...
dann gelingt es Dir, wenn Du wieder
wach bist ... vielleicht ist heute auch
noch nicht der richtige Tag und es ge-
lingt noch nicht ... dann kannst Du es
an jedem anderen Tag in Deinem Leben
noch einmal machen ... einfach loslassen
und Ruhe erleben ...

Ah ja! So einfach soll das sein? Das sollen Schilder sein? Noch nicht ganz. Die Schilder kommen
jetzt. In dem Beispiel wird dem Klienten erzählt,
er könne möglicherweise direkt, falls heute der
richtige Tag ist, oder auch etwas später seine
Zwangsgedanken loslassen. Unser Klient hört
mit. Auch bei eingeschränkter Kritikfähigkeit hat
er so seine Gedanken. Er hört also in seiner bewussten Verarbeitung, dass es bereits eine Veränderung gibt, nämlich während der Trance. Das
bestätigt er innerlich, denn es stimmt. Weiter
hört er, dass er das in Kürze immer erleben kann,
entweder heute oder schon bald. Das kann er
nun nicht genau überprüfen, denn wir geben

kein Ziel vor. Würden wir ihm anbieten, dass in drei Tagen alles erledigt ist, könnte er das spätestens nach Ablauf dieser Zeit überprüfen. Unsere Version lässt Spielraum offen. Nun kommt das Besondere. Vielleicht ist ja einigen Lesern aufgefallen, dass in dem Suggestionstext auch einige Verneinungen vorkommen. Es wird ja immer behauptet, das sollte man nicht tun. Ich erspare mir in diesem Buch einmal die Diskussion über das Verneinen, möchte aber dennoch anmerken, dass auch das Unbewusste Verneinungen kennt. Jeder einigermaßen erfahrene Hypnotiseur kann das in wirklich einfachen Demonstrationen beweisen. In unserem Beispiel sind die Verneinungen von besonderer Bedeutung, denn sie lassen dem Klienten Spielraum und zwingen ihn nicht in eine Erfüllungsrichtung. Zwingen Sie einmal einen Zwangsklienten!

Das Unterbewusstsein des Klienten wird die Verneinungen deshalb weitgehend ignorieren, weil wir entsprechende Schilder aufstellen. Wir benutzen die Technik des analogen Markierens, was bedeutet, dass wir die Wörter, die uns bei der Zielausrichtung helfen, etwas stärker betonen. Wir sprechen an bestimmten Stellen einfach etwas lauter oder etwas deutlicher. Eine andere Möglichkeit besteht darin, durch gezielte Pausen kurz vor dem zu betonenden Wort dessen Bedeutung in den Vordergrund zu rücken. Ich habe

den gleichen Suggestionstext noch einmal aufgeschrieben. Die fettgedruckten Wörter werden
diesmal etwas stärker betont.

> … *Jetzt* **spürst** *Du diese* **Ruhe** *und viel-
> leicht hast Du ja schon bemerkt, dass
> Deine* **Gedanken** *einfach* **wegfließen**,
> *wenn Du diese Ruhe spürst … hier und
> heute* **kannst Du es** *… und auch in Dei-
> nen Alltag … in Deine wache Wirklich-
> keit kannst Du diese* **Freiheit** *transpor-
> tieren … Du kannst schon bald die stö-
> renden Gedanken für* **immer loslassen**
> *und immer diese* **Freiheit** *in deinem Kopf
> erleben … vielleicht ist* **heute** *ja schon
> der Tag gekommen, an dem Du diese
> kreisenden Gedanken für* **immer los-
> lässt** *… wenn* **heute** *schon der* **richtige
> Tag** *ist … dann* **gelingt es** *Dir, wenn
> Du wieder wach bist … vielleicht ist*
> **heute** *auch noch nicht der* **richtige Tag
> und es gelingt** *noch nicht … dann*
> **kannst Du es** *an* **jedem** *anderen* **Tag** *in
> Deinem Leben noch einmal machen …*
> **einfach loslassen** *und Ruhe erleben …*

Durch die Betonungen, die im text durch den
Fettdruck markiert sind und mit unserer Stimme
analog markiert werden, verblassen die Vernei-

nungen und Eventualitäten. Der Schwerpunkt liegt auf dem richtigen Tag, der heute bereits gekommen ist, und auf dem Gelingen, heute und an jedem Tag.

Minimax-Technik 8

- Betonen Sie die Wörter, die das gewünschte Ziel enthalten etwas stärker oder
- Machen Sie kurz vor den wichtigen Suggestionswörtern eine kurze Sprechpause

---

Beispiele

> ... Wenn Du **willst**, kannst Du Dich auf meine Stimme **konzentrieren** ... das **musst Du** aber nicht ...

> ... Wenn Du Dich heute nicht so **gut entspannen kannst**, dann ist das **völlig in Ordnung** ...

> ... Vielleicht **spürst** Du auch **Morgen** diese Erleichterung ... diesen **Mut** und diese **Stärke** ... **genau so** wie jetzt ...

> ... Du **bist** Dir noch nicht **sicher**, wann Du wieder **Glück erleben wirst** ...

Minimax 9: Minimalistische Reduktion

Ein Klient, der seine Ziele nicht erreicht, kann dennoch positive Veränderungen erfahren. Manch einer erreicht gänzlich ungeplante und dennoch lohnenswerte Ziele. Vielleicht geht auch der eine oder andere nur ganz kleine Schritte. Irgendeine Veränderung gibt es im Zuge einer Therapie immer. Und in den meisten Fällen auch eine, die der Klient als Fortschritt in seinem Leben betrachtet. Manchmal muss man eben kleinere Brötchen backen. Und manchmal tun wir auch nur so ...

Wenn wir einfach Behauptungen aufstellen und diese dann als Suggestionen einsetzen, so kann sich durchaus ein Erfolg einstellen. Bei einer tiefen Trance geht das teilweise. Eine stramme Behauptung ist oft zumindest besser als ein schlechter Beweis. Wir laufen aber immer Gefahr, auch in einer recht tiefen Trance eine Nein-Haltung aufzubauen, wenn wir einfach Behauptungen aufstellen. Als Hypnotiseure arbeiten wir ja gerne an den wachbewussten Gedanken und Überlegungen vorbei. Allerdings sollten wir diesen aktiven Part des Klienten auch nicht unterschätzen. Wir schalten ihn durch eine stabile Trance in mittlerer Tiefe ein paar Gänge zurück, sodass er viel weniger stört. Zusätzlich nehmen wir ihm Wind aus den Segeln, indem wir unsere Behauptungen relativieren. Das geht mit einigen Zusatzwörtern, beispielsweise *vielleicht, möglicherweise, schon bald, unbemerkt oder etwas.*

> *… Du bist schon mutiger geworden und Du spürst es …*

Oder auch nicht. In der Entspannung wird der Klient zwar der Vorstellung des größeren Mutes tendenziell zugeneigt sein, weil er keine Angst verspürt. Dennoch könnte er eine so deutliche Ansage innerlich relativieren oder auch mit *Nein* beantworten.

> *… Du bist vielleicht schon etwas mutiger geworden und möglicherweise spürst Du das auch …*

Vielleicht stellt man sich Suggestion nicht so zögerlich vor, wie dieses Beispiel klingen mag. Es ist jedoch keineswegs zu vorsichtig. Die Formulierung lässt kaum ein richtiges *Nein* zu. Darauf kommt es an. Bauen wir nun noch ein geeignetes analoges Markieren ein, so heben wir die Bedeutung der Zielsuggestionen an und lassen unsere

Hilfsformulierungen für das Unterbewusstsein unsichtbar werden.

> ... Du **bist** vielleicht schon etwas **mutiger** geworden und möglicherweise **spürst Du das auch** ...

Bereits mit einer geringfügigen Hervorhebung der Lautstärke an den fettgedruckten Stellen markieren wir deren Bedeutungen zusätzlich. Selbst ohne ein gezieltes analoges Markieren, wird die angestrebte Wirkung erreicht. *Vielleicht* und *möglicherweise* spielen nur in der aktiven Überlegung des Klienten eine Rolle. Das Unterbewusstsein bejaht den größeren Mut, wenn wir uns sicher sind, dass eine Veränderung eingetreten ist. Es muss nur eine ganz kleine sein. Wir geben ja keine Maßeinheit vor. Entweder der Mut ist stärker als vorher oder nicht. Mehr behaupten wir ja nicht. Auch eine Minimaldosis an Mutzuwachs bringt ein *Ja* des Unterbewusstseins. Das genügt, um weitere Suggestionen folgen zu lassen.

> ... Dann kann dieses Gefühl auch stärker werden ... von Tag zu Tag ... Deine Kraft kann zurückkommen und wird Dich ganz erfüllen ... mehr als je zuvor ...

Nur scheinbar stapeln wir tief, indem wir die gewünschte Veränderung als Möglichkeit sehen. Das können wir nun noch auf die Spitze treiben, indem wir von einer großen Behauptung scheinbar immer mehr Abstand nehmen.

... Du versuchst nun diese Vorstellung zu entwickeln ... diese Vorstellung des angstfreien und mutigen Alltages ... in dem Dir alles gelingt und Du alle Deine Ziele ansteuern kannst ... Du siehst vielleicht ein Bild von Dir selbst vor Dir, das Dir zeigt, wie selbstbewusst Du dann dastehst, aufrecht und mit breiten Schultern ... vielleicht stellt sich dieses schöne Bild auch noch nicht so ganz ein ... Du versuchst es, und es gelingt dann nicht gleich so ... dann gelingt es aber möglicherweise, dass Du den Wunsch nach diesem Mut ganz gut fühlen kannst ... und auch wenn Dir das nicht leicht fällt ... so kannst Du eine Idee davon entwickeln ... in Deinen Gedanken ... eine Idee, wie es dann sein kann, wenn es schon besser geht ... und selbst, wenn das nicht leicht ist ... so kann zumindest Dein Unterbewusstsein ein Bild davon entwerfen ... vielleicht ganz im Stillen und tief in Deinem Inneren ...

Zunächst einmal sieht es so aus, als gingen wir Schritt für Schritt zurück und relativierten das Ziel. Mit der richtigen Betonung wird eine gelungene Suggestion daraus.

> ... *Du versuchst nun diese Vorstellung zu entwickeln ... diese Vorstellung des* **angstfreien** *und* **mutigen** *Alltages ... in dem Dir alles* **gelingt** *und Du alle Deine Ziele ansteuern kannst ... Du siehst vielleicht ein Bild von Dir selbst vor Dir, das Dir zeigt, wie* **selbstbewusst** *Du dann dastehst,* **aufrecht** *und mit* **breiten Schultern** *... vielleicht* **stellt sich** *dieses* **schöne Bild** *auch noch nicht so* **ganz ein** *... Du versuchst es, und* **es gelingt** *dann nicht gleich so ... dann* **gelingt es** *aber möglicherweise, dass Du den Wunsch nach diesem* **Mut ganz gut fühlen** *kannst ... und auch wenn Dir das nicht* **leicht fällt** *... so* **kannst Du** *eine Idee davon* **entwickeln** *... in Deinen Gedanken ... eine Idee, wie es dann sein kann, wenn es* **schon besser geht** *... und selbst, wenn das nicht* **leicht ist** *... so kann zumindest Dein Unterbewusstsein ein* **Bild davon entwerfen** *... vielleicht ganz im Stillen und* **tief in Deinem Inneren** *...*

Durch Betonung an den fettgedruckten Stellen können wir die eine oder andere Verneinung sowie die vielen Eventualitäten unsichtbar und unbedeutend werden lassen. Alles läuft darauf hinaus, dass es gelingen wird, diesen Mut aufzubauen und dass das Unterbewusstsein dieses Szenario entwickelt.

Gleichzeitig lassen wir für die bewussten Gedanken viel Spielraum. Trifft das eine noch nicht ganz zu, dann aber schon das andere. Im Zweifelsfall schieben wir alles dem Unterbewusstsein zu. Die Behauptung, dass zumindest dort, Vorstellungen von Veränderungen möglich sind, wird auf keinen Fall abgelehnt. Ein Klient, der eine Therapie in Anspruch nimmt, muss einen Restglauben an Veränderungsmöglichkeiten haben, selbst wenn diese Therapie der allerletzte Strohhalm sein sollte, den er noch ausprobieren möchte, bevor er dann ganz aufgeben wird. Er würde sonst keine Therapie mehr machen. Also kann er eine Vorstellung von einer Veränderung entwickeln. Er hat ja schon eine. Nur so kann er unter seinem Zustand leiden. Er weiß, was er nicht mehr denken, fühlen oder erleben will und verbindet damit eine Ersatzvorstellung. Wie könnte er da ablehnen, dass sein Unterbewusstsein so etwas auch kann. Insgesamt bleibt hier vieles offen. Wie sieht das Bild aus, das der Klient oder sein tiefes Inneres entworfen hat?

Gibt es eine genaues oder ein sehr vages Bild?
Was spürt der Klient?

Die Antworten auf diese Fragen sind ziemlich unbedeutend. Denn der Klient startet einen inneren Suchprozess. Er orientiert sich nach innen, zu seinen Lösungspotenzialen hin. Das genügt. Wir stoßen diesen Suchprozess an und suggerieren den Erfolg. Das ist oft sehr viel besser als einfach vorzugeben, was zu finden sein soll. Es kommt uns auf eine Verankerung im Unterbewusstsein an. Daher fokussieren wir uns immer stärker darauf, wobei wir so tun, als wäre das ein ganz kleines und geringes Ziel: *Wenigstens das Unterbewusstsein wird ein Bild entwerfen.* Eigentlich wollen wir gerade das: *Dein Unterbewusstsein muss ein Bild entwerfen!*

Minimax-Technik 9

- *Lassen Sie Interpretationsspielraum durch Begriffe wie „vielleicht", „etwas", „möglicherweise"*
- *Stellen Sie große Ziele in Aussicht und verweisen Sie auf die kleinen Erfolge, die sich ersatzweise einstellen dürfen*
- *Fokussieren Sie ein Hauptziel, indem Sie es als Minimalziel präsentieren*

Beispiel

> *… Du schaust in diesen Spiegel der Vergangenheit und siehst viele Situationen, die Dich still gemacht haben … Situationen, in denen Du einfach still sein musstest … Alle diese Situationen siehst Du … und vielleicht stellt sich dieses Bild nicht so einfach ein … vielleicht ist es gar nicht so viel, das Dir jetzt einfällt … es kann sein, dass es wenige Situationen sind, die Dir nun in Erinnerung kommen … ganz von selbst … und auch, wenn es nur eine einzige Situation ist … nur eine besondere, die Dir jetzt einfällt … wenn Dir nun nur eine einzige Situation in den Sinn kommt, die Dich hat still werden lassen, dann kann sie für alle Situationen stehen, die Dir dieses Gefühl bereiten …*

Wir suchen hier nur scheinbar viele Situationen. Eigentlich suchen wir eine ganz besondere, nämlich die Schlüsselsituation, die die größte Bedeutung für den Klienten hat. Wir nehmen von dem großen Ziel Abstand und geben uns mit einem kleinen zufrieden; könnte man meinen. Tatsächlich fokussieren wir die Erinnerung absichtlich auf eine einzige Situation.

Minimax 10: Du bist nicht schuld ... Wer sonst?

Klienten können niemals schuld sein an ihren Problemen. Niemand entwickelt freiwillig und gerne eine Panikstörung oder eine Schizophrenie oder ein Magengeschwür. Die Schuld bei anderen zu suchen, wäre genauso wenig hilfreich. Denn einerseits bliebe in allen Fällen strittig, ob der gefundene Schuldige nun wirklich das Problem verursacht hat und andererseits würde die Schuldzuweisung jede Therapie blockieren. Denn der Klient wird sich selbst aus der Verantwortung nehmen und dem Schuldigen die Lösung überlassen ...

Gibt es wirklich keine Schuldigen? Mag sein, dass es sie gibt. Nach unserem Rechtsverständnis und unserer menschlichen Moral gibt es natürlich immer wieder einmal Schuldige. Bei Gewaltverbrechen gibt es Täter und Opfer und natürlich können wir auch von Schuld sprechen. Dennoch ist die Frage, wer nun schuld an der posttraumatischen Belastungsstörung ist, die daraus folgt, nicht leicht zu beantworten. Der Täter? Die Gene, die bei dem betreffenden Opfer mehr Anfälligkeit für eine posttraumatische Belastungsstörung enthalten als bei jemand anderem, der sie nicht entwickelt? Hat die Angst einflößende Erziehung dazu geführt, dass die bereits vorhandene Grundängstlichkeit nun durchschlägt? Sind vielleicht die Lebensumstände mit Einsamkeit oder Arbeitslosigkeit oder anderen Belastungen dafür verantwortlich, dass eine so starke Folgereaktion auftritt?

Eine schwierige aber vor allem aus therapeutischer Sicht völlig überflüssige und weitgehend kontraproduktive Diskussion. Hat der betreffende Klient eine Anklagehaltung, so ist diese natürlich relevant. Doch hier geht es mir zunächst einmal darum, zu klären, dass wir die Schuldfrage in der Therapie nicht stellen sollten. Vor allem darf nicht der Klient schuld sein. Auch kein anderer. Diese Einstellung alleine ändert nun aber auch noch nicht so viel an dem Problem des Klienten. Ein Grundproblem besteht darin, dass die meisten Klienten sich selbst schuldig fühlen. Das ist ihnen nicht immer bewusst, dennoch ist es unbestreitbar. In der Hypnosetherapie gibt es einen schönen Ausweg. Wir finden nämlich doch einen Schuldigen bzw. einen, der verantwortlich ist. Wir können nämlich dem Unbewussten die Verantwortung übergeben. Das ist vielleicht ein Trick, vielleicht auch nicht. Unser Unterbewusstsein macht ja so allerlei mit uns und geht offensichtlich so manches Mal seine eigenen Wege gegen unseren Willen. Natürlich ist auch das ein Teil von uns. Dennoch erleben es die meisten Klienten als hilfreich, dem Unterbewusstsein die Verantwortung zu überlassen. Wir sagen natürlich nicht, das Unterbewusstsein wäre schuldig. So ist es nicht gemeint. Wir können es aber wie eine eigene Person ansprechen und auch genauso behandeln. Der Klient fühlt sich entlastet und übernimmt gleichzeitig die Verantwortung für die angestrebte Veränderung. Denn er selbst ist sein Unterbewusstsein. Schuldig fühlt er sich dann nicht mehr oder zumindest viel weniger. Also beziehen wir immer wieder das Unterbewusstsein mit ein, das etwas für den Klienten erledigen soll.

> *... Heute möchte ich vor allem mit Deinem Unterbewusstsein sprechen ... ich möchte ihm zeigen, wie fatal der Weg ist, den es eingeschlagen hat ... und vielleicht gelingt es ja schon heute, Deinem Unterbewusstsein zu sagen, dass es Dir das Gefühl der Gelassenheit und Ruhe wieder gönnt ...*

Der wachbewusste Teil des Klienten fühlt sich hier subjektiv entlastet, denn das Unterbewusstsein produziert die Schwierigkeiten und kann sie wohl auch lösen. Das wird grundsätzlich für möglich gehalten. Zumindest die Klienten der Hypnosetherapie glauben daran, sonst würden sie sich erst gar nicht auf ein solches Verfahren einlassen. Betrachten wir ein weiteres Beispiel.

> ... *Nun spürst Du auch schon diese Entspannung und sobald Dein Unterbewusstsein dazu bereit ist, mit Dir zusammen zu arbeiten, um Dir zu helfen, wird sich wie von selbst Dein Arm nach oben bewegen ... er wird federleicht nach oben steigen ...*

Bauen wir diese Sequenz in eine Armlevitation ein, so wird sich der Arm genauso bewegen wie wir es von allen anderen Hypnosesitzungen kennen. Die Bereitschaft des Unterbewusstseins wird einfach unterstellt. Der Klient ist entlastet. Und diese Veränderungsbereitschaft stellt sich tendenziell ein, weil er daran glaubt. Armlevitationen sind für Hypnotiseure Routine. Auch eine schwere Blockade im Unterbewusstsein wird den Arm nicht blockieren. Falls doch, darf der Klient seinem Unterbewusstsein die Schuld geben. Alleine das lässt ihn schon locker und kooperationsbereit werden.

Eine andere Anwendungsmöglichkeit bietet sich bei der Arbeit mit ideomotorischen Signalen. So werden Körpersignale genannt, die eine Kommunikation mit dem Unbewussten ermöglichen. Die bekannteste Variante besteht in Fingerbewegungen, wobei für die Antworten *Ja, Nein* und *Ich weiß nicht* im Zustand der Trance Fingersignale vereinbart werden. Die unbewussten Anteile des Klienten wählen die jeweiligen Finger aus und auf unsere analytischen Fragen hin bewegt sich dann an der vereinbarten Hand entweder der *Ja-Finger*, der *Nein-Finger* oder derjenige für die Antwort *Ich weiß nicht*. Der Klient erlebt die Fingerbewegungen als fremdgesteuert, er bewegt sie also nicht bewusst, sondern lässt sie von seinem Unterbewusstsein bewegen. Die Technik der ideomotorischen Kommunikation möchte ich hier nicht näher erläutern. Das kann in jedem guten Hypnosekurs gelernt oder in anderen Büchern nachgelesen werden.

Ich möchte jedoch erläutern, wie wir mit dem Klienten sprechen können, wenn wir die Fingersignale einstellen und danach unsere Fragen stellen. Ich schlage vor, direkt mit dem Unterbewusstsein zu sprechen und entsprechend zu formulieren.

> *… Unterbewusstsein von Peter … nun nachdem Du die Finger für Deine Antworten gewählt hast, möchte ich Dir ein paar Fragen stellen …*

Auch hier fühlt sich der Klient entlastet. Er muss keinen Finger bewegen, braucht also nichts zu erfüllen. Dennoch fühlt er sich auf einer tieferen Ebene angesprochen und sorgt dafür, dass seine Finger Bewegungsimpulse erhalten. Die Antwort kommt dann allerdings weniger aus seiner bewussten Entscheidung als aus seinen unbewussten Anteilen. Das ist ja auch gewollt.

Auch wenn es merkwürdig anmuten mag, ich behandle das Unterbewusstsein wie eine eigenständige Person, die ich um Unterstützung bitte. Entsprechend gehe ich höflich mit ihm um und bedanke mich für die Hilfe, die es zuteil werden lässt. Machen Sie also auf keinen Fall den Sündenbock aus dem Unterbewusstsein, denn es soll ja bei der Bearbeitung der Schwierigkeiten helfen. Probieren Sie es aus! Die Wirkung überzeugt! Folgendermaßen kann das aussehen.

> ... *Unterbewusstsein von Peter ... ich bin heute auf Deine Unterstützung angewiesen ... nur mit Deiner Hilfe kann es gelingen, dass ...*

Am Ende einer Sitzung oder einer Sequenz, in der das Unterbewusstsein direkt angesprochen wurde, kann beispielsweise folgender Abschluss formuliert werden.

... Unterbewusstsein von Peter ... ich bedanke mich für Deine Unterstützung und Mithilfe ... Du hast bereits viel geleistet ... und bist große Schritte gegangen ...

Wir würdigen damit nicht nur das Unterbewusstsein sondern den Klienten, wenn er es auch nicht auf sich direkt bezieht. Einerseits nimmt er sein Unterbewusstsein als Teil von sich selbst wahr und fühlt sich geschätzt, andererseits betrachtet er es als eigenständig und geht von der weiteren Kooperation aus. Mit beidem hat er Recht.

Minimax-Technik 10

- *Vermeiden Sie Schuldzuweisungen, auch bei vermuteter Schuld außen stehender Personen*
- *Sprechen Sie das Unterbewusstsein des Klienten als eigenständige Instanz an*
- *Geben Sie dem Unterbewusstsein die Verantwortung und entlasten Sie damit den Klienten*
- *Gehen Sie freundlich mit dem Unterbewusstsein um, bedanken Sie sich für die Kooperation*

Beispiele

... Dein Unterbewusstsein entspannt nun Deinen Körper ... das geht wie von selbst ... Du kannst Dich auf Dein Unterbewusstsein verlassen ...

... Wenn Du diese Entspannung spüren kannst ... dann zeigt Dir Dein Unterbewusstsein, dass es Dich begleitet ...

... Sobald Dein Unterbewusstsein bereit ist, ganz intensiv an Deiner Stärke zu arbeiten und Dich immer stärker werden zu lassen, wird Dein Arm wieder beweglich und sinkt nach unten auf die Unterlage ...

... Unterbewusstsein von Petra ... Wir wissen, dass diese Angst, die Du produzierst eine Mitteilung ist ... Sie kann jedoch nicht verstanden werden und ist daher unsinnig ...

... Dein Unterbewusstsein sendet Dir diese Signale und heute möchte ich direkt mit Deinem Unterbewusstsein sprechen ... so können wir verstehen, worum es tatsächlich geht ... warum es das bisher getan hat ...

Der Autor

Ingo Michael Simon studierte Psychologie und Pädagogik und ist Hypnosetherapeut mit Praxistätigkeiten in Südwestdeutschland und in der Schweiz. Mit Hilfe hypnosegestützter Psychotherapie behandelt er vor allem Menschen mit anhaltenden psychischen Leiden. Angststörungen aller Art und psychosomatische Erkrankungen bilden den Schwerpunkt seiner Praxistätigkeit. Zu seinen therapeutischen Angeboten gehören hauptsächlich klassische und moderne Hypnoseanwendungen, Rückführungen und Reinkarnationstherapie sowie Therapie auf der Zauberwiese.

Ausbildungskurse

Ingo Michael Simon bietet regelmäßig Ausbildungskurse zu verschiedenen Therapieformen und Themen an. Aktuelle Informationen und Termine finden Sie auf seiner Homepage *www.praxissimon.de.*

Buchreihe: Hypnose und Trancetherapie

Simon, I. M.: Hypnosepraxis. Ein Leitfaden der Trancearbeit;
Norderstedt: Books on Demand 2009. ISBN: 978-3-8370-7629-5

Simon, I. M.: Reframing in Trance. Perspektiven mit Hypnose ändern, Norderstedt: Books on Demand 2009
ISBN: 978-3-8370-7639-4

Simon, I. M.: Rückführungen. Leitfaden der Reinkarnationstherapie, Norderstedt: Books on Demand 2009
ISBN: 978-3-8370-7642-4

Simon, I. M.: Selbsthypnose. Therapie ohne Therapeut
Norderstedt: Books on Demand 2009
ISBN: 978-3-8370-9068-0

Simon, I. M.: Gruppenhypnose. Eine Anleitung für die
Praxis; Norderstedt: Books on Demand 2009
ISBN: 978-3-8370-9635-4

Hypnosebücher und Trancegeschichten

Simon, I. M.: Grundkurs Hypnose. Norderstedt: Books on
Demand 2009. ISBN: 978-3-8391-0170-4

Simon, I. M.: Wellen am Horizont. Trancegeschichten
Norderstedt: Books on Demand 2009.
ISBN: 978-3-8391-1394-3

Simon, I. M.: Heilsame Fantasien. Trancegeschichten für die
Anwendung in der Praxis und zu Hause. Norderstedt:
Books on Demand 2009. ISBN: 978-3-8391-0899-4

Simon, I. M.: Suggestionen richtig formulieren.
10 Minimax-Techniken für Hypnotiseure. Norderstedt:
Books on Demand 2009. ISBN: 978-3-8370-9519-7

Simon, I. M.: Frieden mit dem inneren Kind. Versöhnung
auf der Zauberwiese. Norderstedt: Books on Demand 2009
ISBN: 978-3-8391-1986-0

Heilpraktikerbücher

Simon, I. M.: Heilpraktiker für Psychotherapie. Prüfungswissen. Zur Vorbereitung auf die Amtsarztprüfung. Norderstedt: Books on Demand 2007. ISBN: 978-3-8334-9867-1

Simon, I. M.: Heilpraktiker für Psychotherapie. Die mündliche Prüfung. Norderstedt: Books on Demand 2008
ISBN: 978-3-8334-9868-8

Simon, I. M.: Heilpraktiker für Psychotherapie. Die schriftliche Prüfung. Mit kommentierten Amtsarztfragen. Norderstedt: Books on Demand 2007. ISBN: 978-3-8370-0347-5

Simon, I. M.: Heilpraktiker für Psychotherapie. 20 Fallbeispiele. Diagnosetraining für die mündliche Prüfung. Norderstedt: Books on Demand 2008. ISBN: 978-3-8370-1090-0

Simon, I. M.: Endlich Heilpraktiker. Die häufigsten Irrtümer in der Psychotherapieprüfung. Norderstedt: Books on Demand 2007. ISBN: 978-3-8370-0329-1

Simon, I. M.: Übungsaufgaben Psychotherapie. Zur Vorbereitung auf den kleinen Heilpraktiker. Norderstedt: Books on Demand 2007. ISBN: 978-3-8370-0683-4

Simon, I. M.: Crashtest Psychotherapie. Zur Vorbereitung auf den kleinen Heilpraktiker. Norderstedt: Books on Demand 2007. ISBN: 978-3-8370-0709-1

Simon, I. M.: Spezialtest Psychotherapie. Für kleine und große Heilpraktiker. Norderstedt: Books on Demand 2008
ISBN: 978-3-8370-5838-3

Simon, I. M.: Heilpraktikerprüfung Psychotherapie. 200 kommentierte Aufgaben. Norderstedt: Books on Demand 2008. ISBN: 978-3-8370-6017-1

Simon, I. M.: Diagnosetraining Psychotherapie. Ein Arbeits- und Nachschlagebuch. Norderstedt: Books on Demand 2008. ISBN: 978-3-8370-4281-8

Simon, I. M.: Psychotherapie. Der Fragenkatalog. Fachwissen Heilkunde. Norderstedt: Books on Demand 2009 ISBN: 978-3-8370-5396-8

Simon, I. M.: Crashkurs Psychotherapie. Ein Kurzlehrbuch. Norderstedt: Books on Demand 2009 ISBN: 978-3-8370-6870-2

Heimstudium HPP in Buchform

Simon, I. M.: Heimstudium Heilpraktiker Psychotherapie. Teil I. Norderstedt: Books on Demand 2009 ISBN: 978-3-8370-7656-1

Simon, I. M.: Heimstudium Heilpraktiker Psychotherapie. Teil II. Norderstedt: Books on Demand 2009 ISBN: 978-3-8370-7657-8

Simon, I. M.: Heimstudium Heilpraktiker Psychotherapie. Teil III. Norderstedt: Books on Demand 2009 ISBN: 978-3-8370-7663-9

Praxiskritik

Simon, I. M.: Das Komplott der Amtsärzte. Drama Heilkundeprüfung Norderstedt: Books on Demand 2009 ISBN: 978-3-8370-6399-8

Simon, I. M.: Die Erben des Dädalus. Betrüger im Helfergewand. Norderstedt: Books on Demand 2006 ISBN: 978-3-8334-6685-4